UN MOT

sur

LES INDEMNITÉS SOLLICITÉES

EN FAVEUR DES ÉMIGRÉS

Par M. [illegible]

Officier d'administration de la Marine, [illegible]
et [illegible] Sous-Chef de bureau au Ministère
de la Marine.

PARIS

[illegible], Quai des Augustins, [illegible]
MONGIE, Boulevard Poissonnière, [illegible]
[illegible]

UN MOT

SUR

LES INDEMNITÉS SOLLICITÉES EN FAVEUR DES ÉMIGRÉS.

LORSQU'UN noble Maréchal de France, après avoir salué l'aurore de la restauration, et prêté, entre les mains de son Roi légitime, un serment qu'il ne trahit jamais, plaida, le premier, les 3 et 10 décembre 1814, dans la Chambre des Pairs, la cause sainte des Émigrés, on dut pressentir que cette voix éloquente, digne interprète de l'armée, du premier corps de l'État, et de la Nation tout entière, était l'organe des sentimens du plus juste et du meilleur des Monarques.

L'attente des nombreux amis de la légitimité n'a pas été trompée ; à la restauration du trône a succédé celle de la Patrie, cruellement blessée par vingt années de révolution. On s'est occupé ensuite de celle des finances, afin d'éloigner les étrangers et de pouvoir régler en famille les articles d'un grand acte de justice et de haute politique ; dix ans ont suffi pour opérer tous ces prodiges, et l'on va aujourd'hui aviser aux moyens de *fermer entièrement l'abîme*, en procédant définitivement à la conclusion de cet acte dernier et solemnel.

De nombreux écrits ont été publiés en faveur de l'indemnité pleine et entière ; d'illustres écrivains, à la tête desquels on distingue le noble Vicomte qui porta les premiers coups à l'usurpation, se sont présentés dans la lice : il y aurait eu trop de présomption à entrer en concurrence avec eux ; de nouveaux combats sont d'ailleurs désormais inutiles ; protégés par l'antique bannière des Lys, ils viennent de conquérir la victoire.

Mais, à présent qu'il s'agit de recueillir et de répartir les fruits de cette juste conquête, je pense qu'il n'est pas inutile de classer, en nouvelles tribus, les victimes infortunées qu'on veut soulager, et que chaque français sera admis à plaider une des parties d'une si noble cause, à contribuer à faire jaillir de nouvelles lumières propres à éclairer les importants débats qui vont s'ouvrir, et à offrir, enfin, le résultat de ses idées et de ses méditations, avant le Jugement solemnel que le Roi et les Chambres vont prononcer.

Tel est le but que je me propose d'atteindre dans cet écrit.

L'indemnité sera pleine et entière dit-on ;

sans cela , ce ne serait point une indemnité ;
l'on ne serait pas juste , ajoute-t-on, si l'on
n'était juste qu'à demi ; et , cependant , on
nous écrit qu'il n'est question de rembourser
que *les biens meubles et immeubles vendus, et
dont le produit des ventes a été versé dans les
caisses de l'ancien Gouvernement !*

Commençons, d'abord , par nous entendre
sur ce mot *Émigré.* Je n'ignore pas qu'on ne
confisquait que les biens des personnes qui
s'éloignaient ; mais une foule de Français fi-
dèles, qui n'ont pu , par diverses causes ,
s'expatrier dans les premières crises de notre
sanglante révolution , sont morts sur l'écha-
faud ou dans les cachots ; les uns vivent encore dans les pleurs et dans la misère ; ils
ont échappé à ces dangers ; que dis-je ? ils
sont ressuscités en quelque sorte, puisqu'ils
se sont levés, comme des fantômes, après
l'explosion de la mitraille qui , par une sorte
de miracle , en moissonnant leurs parens et
leurs amis, les avait, épargnés ; les autres ont
émigré, dans le sens littéral de ce mot, puisqu'ils ont suivi leurs familles en pays étrangers, tandis que leurs pères restés en arrière,
pour réunir quelques ressources , en bravant
le danger , ont péri dans le désespoir, les
emprisonnemens et les persécutions , et ont

été *moralement assassiné ;* mais si , âgés de cinq ou six ans, ces enfans n'ont pas eu le fatal privilège d'être portés sur les listes de proscription , ils ont eu du moins celui d'être errans , fugitifs, ruinés par des remboursemens en assignats , et prématurément orphelins !

Enfin , un grand nombre de malheureux, de la classe marchande , ayant cru échapper, par leur position dans la société , à la hâche des bourreaux, et ne voulant pas abandonner leurs magasins, qui contenaient toute leur fortune , ont été exécutés ou ont été contraints à livrer leurs marchandises au vil taux imposé par la cruelle loi du *Maximum.*

Les individus compris dans ces diverses catégories , et dans bien d'autres , dont j'indiquerai les principales , seront-ils porté dans la loi des indemnités ? Il est permis d'en douter. Ont-ils droit d'y être compris ? c'est ce dont je suis intimément convaincu , après avoir profondément médité sur ce sujet, et c'est ce que je vais examiner le plus rapidement possible , persuadé que, sous un gouvernement réparateur , il suffit de signaler une mesure juste pour qu'elle soit développée par des plumes plus éloquentes que la mienne,

et adoptée avec empressement par les déposi-
taires du pouvoir.

Plusieurs émigrés, et en général ce sont les
plus malheureux, ont en quelque sorte con-
sacré leur ruine, en sanctionnant (au moyen
d'une légère somme dont ils avaient besoin
pour se procurer du pain, et que leur of-
fraient les nouveaux acquéreurs), les ventes
de leurs biens. Peut-on leur faire un crime
d'un consentement arraché à leur profonde
misère ? ne serait-il pas juste de les indemniser en retranchant de la somme qui leur
était due, celle qu'ils ont déjà reçue, y compris les intérêts; et si cet *à-compte* n'a pas
été mentionné dans les actes qu'ils ont pas-
sés, ne peut-on pas y suppléer par leurs
déclarations authentiques et par celles des
acquéreurs ? Je ne vois jamais d'inconvénient
à être juste.

D'autres ont entiérement rachetté, à leur
arrivée en France, leurs anciens biens, qu'ils
ont, par ce fait, payé deux fois. Je pense
qu'ils ont droit à l'indemnité qu'on accordera
à ceux qui n'ont pas eu les mêmes moyens
de rentrer dans le manoir de leurs aïeux.
Ainsi, je crois inutile de m'appesantir sur ce
sujet et sur le précédent.

Il en est un grand nombre, surtout dans

les ports de mer, qui, prévoyant depuis long-temps les désastres de la révolution, réalisèrent leur fortune, et, quoiqu'étrangers au commerce ou l'ayant quitté depuis long-temps, achetèrent des navires et des marchandises, et les dirigèrent sur nos colonies ou vers des pays étrangers, en se proposant de les suivre promptement. Ces navires furent pris par les croisières françaises ou ennemies ; dans le premier cas, ils furent vendus comme propriétés d'émigrés ; dans le second, ils furent gardés par les Anglais comme propriétés françaises. Ces navires ne seront-ils pas considérés comme des *immeubles*, dans le cas dont il s'agit, quoique l'art. 528 du Code civil, les ait rangés dans la classe des *meubles ?* Les marchandises qu'ils portaient n'étaient-elles pas aussi des *meubles* d'après le Code civil ? N'avaient-elles pas été achetées avec le même or qui sert à acquérir des terres et des maisons ? Les contrats, les comptes-courants, les actes d'assurances, les lettres de change, tout ce qui constitue la fortune commerciale ou financière d'un individu, ne sont-ils pas des meubles, toujours d'après le même Code, art. 529 ? Ne viendra-t-on pas au secours de ces infortunés ? Ah ! gardez-vous bien de repousser leurs réclamations ! plusieurs d'entre eux n'avaient d'autre but, en se livrant à cette chance hazardeuse, que d'être utiles à leurs compatriotes réfugiés sur la terre d'éxil ! quelques-uns mêmes avaient formé le dessein de venir au secours d'augustes infortunes et de mettre aux pieds de leur Prince la plus grande partie de leurs ressources ! S'ils avaient réussi dans ce projet généreux, la révolution, arrêtée dans son principe, n'aurait peut-être pas tout dévoré ; le sang le plus précieux n'aurait sans doute pas coulé ! Les punirez-vous une seconde fois de leur noble, mais impuissante prévoyance ?

La classe la plus intéressante des Émigrés est peut-être celle qui n'a pas été comprise dans les listes de la Convention. Je veux parler de ces jeunes orphelins qui, après la mort ou le massacre de leurs pères, fuirent le sol ensanglanté de la patrie, et vécurent, en pays étrangers, des secours que les Gouvernemens leur accordaient, à la sollicitation de notre vénérable monarque. Trop peu âgés pour être proscrits par les lois de la république, ils n'en étaient pas moins exilés. De retour dans leur patrie, ils furent remboursés, avec des assignats de peu de valeur, de la fortune de leurs pères, car une loi affreuse et digne de l'époque, autorisait ces sortes de remboursements des débiteurs envers leurs créanciers, sans considérer que ceux-ci, morts ou emprisonnés, ne pouvaient pas recevoir, et que leurs enfans, encore pupilles, se trouvaient dans un cas semblable. On a vu des tuteurs, émigrés eux-mêmes, user à leur retour, de cet odieux privilège, et les malheureux enfans à qui ils devaient tenir lieu de père, après avoir entrevu l'abondance dans leurs berceaux, privés même d'une éducation complette, végètent encore aujourd'hui dans la misère, ou ont été contraints à se livrer à des travaux ou à embrasser des carrières, pour lesquels ils n'étaient pas destinés.

Et, si ces tuteurs avaient acquis, avant la révolution, leurs propriétés, avec les fonds qui leur avaient été confiés par les pères de leurs anciens pupilles ; s'ils n'avaient obtenu par des jugemens, de rembourser en assignats, que parce que les Tribunaux avaient sans doute considéré qu'ils avaient été ruinés pendant le cours de nos désastres ; si ces pupilles, voyant les biens de leurs tuteurs grévés par des dettes réelles ou supposées, avaient transigé encore sur ces jugemens et perdu moitié de ce qui leur était alloué, ces tuteurs seront-ils indemnisés et la ruine de leurs jeunes parents sera-t-elle irrévocablement consacrée ? Allégueront-ils qu'il y a dans ce cas, force de chose jugée? mais la loi en vertu de laquelle ils avaient été eux-mêmes dépouillés, cette loi qui remonte à plus de trente ans, n'a-t-elle pas, à bien plus forte raison, acquis, dans ce cas, l'autorité de la chose jugée? N'y a-t-il pas de plus, contr'eux, la loi éternelle, sage et conservatrice, de la prescription? Et, cependant, on va les indemniser! on va les indemniser parce que la justice, la morale, la reconnaissance l'ordonnent ainsi; parcequ'il est nécessaire d'anéantir le germe des confiscations, abolies par la Chartre et qui rappellent toujours un pouvoir illégitime et ôdieux; parce que la morale des devoirs doit l'emporter sur la morale des intérêts; parce qu'il est nécessaire de rassurer les nouveaux acquéreurs, d'éteindre les haines qui subsistent encore entre ceux-ci et les anciens propriétaires; de calmer les uns, de secourir les autres; de cimenter enfin, je le répète, par un grand acte d'équité nationale, la réconciliation générale, et marcher ensuite, avec l'aide de Dieu et sous la conduite d'un Roi, que précédent la Justice et la force, vers cet Etat brillant de prospérités, promis au plus beau Royaume de l'univers et au sceptre des fils aînés de l'Eglise.

Il est donc nécessaire, avant de décréter une loi de cette importance, qui intéressera la plus grande partie de la France , de méditer mûrement sur toute l'étendue des intérêts qu'elle doit embrasser, et surtout sur ceux qu'elle peut négliger ou froisser. Je n'ai ni le temps, ni les talens nécessaires pour les tous indiquer et surtout pour les tous traiter ; mais, dans le cas dont je viens de parler, il me semble qu'on pourrait insérer, dans le projet, un article à peu-près ainsi conçu :

« Les émigrés qui seront indemnisés seront
« tenus, à leur tour, de rembourser, dans
« la proportion de leurs pertes et de leurs re-
« couvremens, et dans celle de leurs dettes
« réelles en argent et des sommes qu'ils ont
« acquittées en assignats, ceux de leurs an-
« ciens créanciers , dont ils ont réduit les
« créances d'après l'échelle de dépréciation,
« soit que cette réduction ait été ordonnée par
« jugemens, opérée par transactions ou con-
« sentie volontairement, attendu que les mo-
« tifs pour lesquels on les indemnise ne sont
« pas plus sacrés que ceux pour lesquels ils
« doivent indemniser les autres, et que l'effet
« retroactif, donné par la présente loi aux actes
« de l'anarchie, doit être général et complet,
« pour être juste. »

Je sais bien qu'il est question d'admettre au trésor les oppositions légales des créanciers des émigrés, jusqu'à concurence d'un quart ou d'un tiers proportionnel du montant de l'indemnité ; mais je ne crois pas qu'on se soit occupé des anciennes dettes remboursées en assignats, et cet oubli envers une portion notable des victimes des mêmes malheurs, me paraît injuste. Il occasionnerait d'ailleurs, une foule de procès plus ou moins fondés, qu'il est de la prudence du législateur de prévoir et de prévenir (1).

––––––––––––––

(1) L'auteur de cet écrit et son frère, pleins de confiance dans la justice du Gouvernement et dans celle de leur famille, pensent que l'heureux évènement que la France reconnaissante attend, ne fera pas revivre d'anciens procès et ne troublera pas la concorde qui règne entr'eux et leurs parens; mais, comme leur position singulière peut servir d'exemple et amener quelques amendemens dans le projet de loi, le lecteur leur pardonnera d'en dire ici un mot.

Fils d'un ancien Négociant, d'une bonne famille de Provence, officier à Saint-Domingue, qui, par vingt années d'honorables travaux, avait acquis dans cette île et en France, une fortune d'un demi-million et s'était ensuite retiré des affaires; ils perdirent leur mère qui succomba dans les premiers troubles de la révolution ; leur père, plongé dans les cachots, mourut trois ans après; ils suivirent, à l'âge de 3 et 6 ans, le

Si nous passons maintenant en revue les commerçans , nous serons étonnés de la quantité de victimes de la loi du *Maximum*. Combien cette classe intéressante , qui alimente l'état par ses utiles travaux, n'a-t-elle pas souffert pendant les années de l'anarchie! Frappée au cœur par la guerre civile et étrangère, elle fut impitoyablement dépouillée et forcée de distribuer gratuitement, non seulement tout ce qu'elle possédait, mais encore

---

reste de leur famille dans l'émigration, à l'époque de l'évacuation de Toulon par les Anglais. De retour à Marseille, ils perdirent, comme tous les Colons, leurs biens immeubles et des créances considérables à Saint-Domingue; et leurs débiteurs dont on avait vendu une partie des immeubles qu'ils rachetèrent, furent contraints d'invoquer les lois de l'époque et de leur rembourser 172,000 fr. avec 61,000 fr., laquelle somme fut encore réduite à moins de moitié par des transactions consenties par la nécessité. Des navires que leur père avait achetés et chargés de compte à tiers avec leurs parens, pour sauver de France quelques débris, furent pris ou séquestrés, leurs magasins vendus au profit de la République, l'argenterie de la famille fut livrée au district; enfin, après avoir perdu père, mère et fortune dans la révolution, ils n'ont eu pour héritage d'un père riche, retiré du commerce, qui n'avait pas une seule dette, que des procès, et une carrière bornée, quoiqu'ils aient servi long-temps et avec honneur.

les dépots qu'elle devait à la confiance de ses commettans. Ceux-ci, la plupart étrangers, ont dû être remboursés par la France en exécution des deux traités de Paris, tandis que les fils de la patrie, qui leur devait son ancienne prospérité , n'ont en que les prisons et les échafauds pour partage, et la conscription, pour celui de leurs enfans. Espérons que la mesure qu'on prépare s'étendra aussi sur ces infortunés, et surtout, suivant les expressions d'un illustre Pair, *qu'on ne laissera rien ou que le moins possible à l'arbitraire dans la loi ou dans l'exécution de la loi;* et qu'elle sera générale, coordonnée et entière.

Enfin , un arrêté des Consuls rendu en l'an ix, et qui ne pouvait avoir, même à cette époque, force de loi, mit définitivement à l'arriéré toutes les créances antérieures à cette époque. Plusieurs de ces créances étaient dues à des fournisseurs qui, par les bénéfices énormes qu'ils avaient faits, pouvaient supporter un pareil échec; mais quelques-unes étaient les propriétés de négociants dont on avait requis les marchandises ou les vaisseaux pour le service des armées de terre et de mer; marchandises qu'on n'eut pas le tems de payer en assignats, et que les représentans du peuple ou les commissions créées par la République avaient même évaluées à un prix inférieur à leur valeur réelle (1). Faut-il renoncer encore à des créances de cette nature ? Avant de prononcer, songez que plusieurs des individus dont vous allez anéantir la dernière espérance ont, par la bizarrerie de leur position, perdu les auteurs de leurs jours, toute leur fortune en France, aux colonies, sur les mers, qu'ils n'ont plus aucune ressource sur la terre, et que tandis que vous vous préparez à rendre à des propriétaires , *encore millionnaires,* le prix d'une simple ferme, peut-être, qu'on leur aura vendue nationalement, vous enlevez aux malheureux auquels il ne reste ni asile, ni avenir, en un mot, à ceux qui ont tout perdu, la dernière consolation des infortunés : *L'espérance.*

En terminant ces rapides réflexions , qu'il me soit permis d'émettre encore un vœu en faveur de la partie des émigrés la plus nombreuse et la plus à plaindre.

---

(1) L'auteur se trouve encore placé dans cette hypothèse. Des balles de chanvres sur lesquelles leur père était intéressé pour une somme évaluée à plus de trente mille francs, furent requises à Marseille pour le service du port de Toulon et n'ont pas même été payées en assignats.

Comment répartira-t-on le montant de l'indemnité ? Suivra-t-on l'ordre alphabétique ou procédera-t-on par ordre de dates de confiscations ? Dans le cas où cette indemnité serait intégrale et dans celui possible où elle ne le serait pas, quels sont ceux qui éprouvent le plus de besoin, qu'il est le plus urgent de secourir, et qu'il serait injuste d'oublier ! Certes, ce sont les plus pauvres. S'exposera-t-on aux craintes inspirées par le souvenir du passé, propagées par l'inquiétude du malheur et peut-être aussi par la malveillance, craintes qui font dire assez généralement que l'on n'indemnisera sans doute que les personnes qui ont conservé le plus de ressources ? Je suis loin de partager ces appréhensions sous un Gouvernement qui étend sa main protectrice et généreuse sur les dernières classes de la société comme sur les premières ; mais enfin, comme il faudra toujours établir un mode de répartition, il serait à souhaiter que l'on commençât par les émigrés qui avaient le moins de fortune avant la révolution et qui ont le moins de revenus aujourd'hui, ce qu'il serait aisé de reconnaître par les procès-verbaux de ventes de l'époque, et par les rôles de contributions d'aujourd'hui ; et si l'indemnité ne peut pas être entière, il serait convenable aussi qu'elle fût proportionnellement plus forte en faveur des plus indigens.

J'ose croire que cette mesure sera probablement adoptée par l'administration paternelle qui nous dirige, et accueillie avec acclamation par un peuple aussi délicat, juste et éclairé que l'est le peuple français.

Ainsi qu'on se rassure sur ce point comme sur tous les autres !

Rappelons-nous que le Père de la patrie, providence terrestre, veille sur tous ses enfans; que des Chambres éminemment françaises, le secondent de leurs lumières et de leurs efforts, et qu'au sein de la première, siège cet illustre guerrier, que j'ai déjà cité au commencement de cet écrit, et au sujet duquel un noble Pair, non moins illustre, et qui partage ses saines opinions, a dit avec autant de raison que de justesse, qu'on apprend tout dans les camps français : *la justice comme la gloire.*

FIN.

DIJON, IMPRIMERIE DE NOELLAT. (1824),

www.ingramcontent.com/pod-product-compliance
Lightning Source LLC
Chambersburg PA
CBHW051502060726
47596CB00007B/2888